JN410357

코로나 전후

이재관 제6시집

계간문예

코로나 전후

| 추천사 |

편마다 시의 맥과 숨결이 새겨진 사유의 깊이와 높이가 돋보여

이재관 시인이 여섯 번째 시집 《코로나 전후》를 상재한다. 우리는 3년 동안 코로나 팬데믹 사태로 많이 힘들었다. 코로나 사태가 길어지면서 모임도 제한되고, 몸과 마음이 움츠러들었다. 그런 와중에도 여섯 번째 시집을 준비하는 이재관 시인은 대단한 의지를 가진 분이다.

연초 모임들이 연달아 취소되었다
천지간에 나만 시들시들하다 생각했는데
대륙이 백만 분의 1밀리 크기에 당했단다
젠장 때려줄 수도 없고 아무튼지
난 힘이 남는다
아무 데도 아프지 않다
아무 음식도 생각나지 않는다
아무 얼굴도 떠오르지 않는다

— 〈바이러스 경보〉 중에서

이번 시집에 실리는 작품에는 코로나와 관련 있는 작품이 여러 편이다. 시집 제목에서 알 수 있듯이 코로나 이전의 작품과 코로나 이후의 작품으로 분류한 특징이 있다. 내용도 코로나 이전과 이후가 많이 다르다. 이전의 작품이 서정적이라면 이후의 작품은 자못 사회적 인식에 터를 잡은 내용이 주를 이룬다. 코로나에 굴복 당하지 않고 꿋꿋하게 버텨온 노시인의 시력詩歷은 시집《코로나 전후》에서 더욱 힘을 발휘한다. 이재관 시인의 시, 편마다 시의 맥과 숨결이 새겨진 사유의 깊이와 높이가 새삼 돋보인다.

2022년 7월

차윤옥 (시인·계간문예 편집주간)

■ 차례

제2부 코로나 이후
2020~2022

제1부

코로나 이전

2018~2019

나비

내 말을 들어줄 사람이 있다는 건
큰 기쁨입니다

내 귀에 쏙 들어오는 말을
해주는 사람이 있다는 건
더 큰 기쁨입니다

우리의 믿음, 소망, 사랑이
나비처럼 조용히 찾아와 내려앉는
오, 그곳은

항상 꽃 피어 열려 있는
귀와 귀 그리고 그 사이의
둥근 언덕들입니다

동작문인협회 시화전 (국립현충원, 2019년 4월)

책장을 넘기며 때꾹

숲은 궁금해서 들어가는 곳
덩굴 이끼 벌레 그림자는 부지런도 하다
서로의 진동수를 맞추려고
새들은 높은 데서 빠른 날갯짓을 하고
잎들도 쉴 새 없이 살랑거린다

사람들은 숲에서 술래잡기를 한다
대부분은 재미로 하지만
언젠가 메피스토펠레스의 검은 숲에서
파우스트 영감을 마주친 적이 있지
근육질을 자랑하며 쫓아오더군
얼결에 잡히면 꼼짝없이
그 많은 외국어 학명을 다 외워야 한단다

어쩌면 숲은 벗어나기 위해 들어가는 곳
나방이가 고치 벗듯
오전 혹은 오후에 한 번
늦은 밤은 길게
번번이 살아나와 중얼거린다 때꾹!

웃기는 것은 술래가 된 내가
나를 잡으러 다니는 일이다

수풀 속에서 왜 톡톡 튀느냐
비집고 행간 지나 가장자리로 가서
둘레길의 여백餘白을
만나야만 풀려, 때꾹!

까칠한 계절엔
여백에 침을 많이 발라야 해
진동수를 삭히는 소화제니까
절벽 위 침 자국에 초막을 짓자

넘기고 또 넘기면 절벽도 낮아진다
드디어 마지막 장에 이르면
아슬아슬한 나의 한계 령嶺
한숨 돌린 나를 잡아채는 맛이
일품이다 때꾹!

《상상탐구》 2018

표정술表情術

긁어내는 데 하루, 새 칠 하는 데 하루,
맑은 날을 골라 공들이는 마음은 알겠지만
'궂은날은 일 안 해요'라며
매정하게 고개 돌리는 페인트 공工,
나도 금방 무표정으로 바꾸나 보다

집에 돌아와 거울을 보다가 펄쩍 놀란다
차라리 없을 '무無'라면!
내 무표정에 내가 놀라는 일은 없으리라

열대야에 이불 없이 기세 좋게 잠이 들어
새벽에 내 피부가 나보다 먼저 잠이 깨고
거칠거칠 이상한 표정으로 나를 쳐다볼 때
모른 척 몇 번 쓰다듬어 풀어지곤 하였다

생각 없이 자주 새 칠을 하기도 무엇하고
불꽃색만 너무 좋아하기도 좀 그렇다
무無표정 연습을 더 해야지
조각구름 뜬 하늘도 가끔은 좋지 않던가

《계간문예》 2018 가을호

비 오는 날

우산이 뒤집혀 순식간에 옷이 젖는다
길가 카페로 뛰어들어가 안을 보니
잔잔한 음악이 흐르는데
밖은 남의 우산을 뒤집어가며
누가 자축自祝이라도 한다는 것인가

폭우 속에도 가로수들은 움이 트고
나는 안과 밖을 뒤집어
쏟아지는 비에 나를 섞어 보낸다
내 안은 세월의 화투장
외롭고 불안하고 부족해 보여
기둥 하나 붙잡고 맴돌더이다

바깥도 있어 다행이지 뭐요
빗속에선 소리쳐도 돼요
언제든 되돌아올 수도 있소
대꾸하는 빗소리, "현명하십니다"
꽃들도 무심치 않아 남 같지 않소이다

《계간문예》 2018 가을호

태릉숲

꿋꿋한 나무들
우거진 사이
날개 치는 작은 새의
팔딱이는 가슴

어쩔 줄 몰라
가슴 치는 대로 싹이 움터
체취로 피어나는 신기한
꽃들, 화랑花郞!

사이사이로
맑은 바람 지나간다
우리 안에도 깊이
청풍淸風 그윽하다

《화랑대문학》 2018

시력

엄마의 눈동자와 미소
아빠의 손가락 떨림,
한팔 거리 안의 나는 초근시

그런데 요즘 젊은이들은
'글쎄...'
한 마디 하고 고개 들면
사라져 없다

지구의 자전 속도만 해도
어지간히 다 보일 텐데
더 빠른가?
비록 옷자락 얼룩은
잘 안 보이지만

바람의 고향도 보이고
사라진 옛것들도 잘 보이는데

《화랑대문학》 2018

아담의 행적

뜻밖에 이브의 협조를 받아
조합 대표가 되었으나
뭘 알아야지

시민도 소비자도 주인도
안 보이고
'소통'만 외치다가

쫓겨날 때

"소쩍, 서쪽, 소쩍"
소쩍새 구슬피 울었으나
아담은 동쪽으로 갔다

《화랑대문학》 2018

3 S

최루탄에 쫒겨 도망치던 학생 녀석,
잠시 숨 돌리자 엉뚱한 질문을 한다
"3 S가 뭔지 아세요?"

"산업화의 기본원칙이지
단순화, 표준화, 전문화
Simplification, Standardization, Specialization"

"틀렸어요. 우민화愚民化의 개뼉다귀
스포츠, 스크린, 섹스라니까요"

그리고 30여 년, 그 녀석이 보고 싶다
삐딱한 갑질 영화나 한 편 같이 보고
평창 미투 안주에 위로주 한 잔
헤어질 땐 따끔한 입가심으로
눈물의 3 S 이야기를 해야 할 것 같다

《화랑대문학》 2018

바람 1

바람 쪽으로 머리를 잔뜩 숙이고
카메라 셔터를 눌렀네
바람은 사진에 없네
나도 없네

한낮의 서달산 달마사 호국지장사
산에서 파도 소리가 들릴 때도 있네
칠흑 같은 밤에
가로등 따라가기도 하네
때론 태풍에 지붕들이 벗겨질 듯해도
뭐 별다른 뜻은 없네

비 올 줄 알았다며 피식 웃으며 가네
자취 없이 혼자 살찌는 바람도 있네
본래 생긴 대로 살지
허둥지둥하지만 별다른 뜻은 없네

《팔도문향》 2018

혼밥 2

무봉 시인께서 카페에 올린 시 〈밤에 밥을 먹는다는 것〉
아, 그 밥이란 말에 눈이 번쩍 띄었소
끼마다 먹긴 하는데 나는 늘 배가 고프요~
하루 네 번 먹지만 불룩한 게 안 만져지니

모처럼 만의 그 날 문학 행사에서도
밥 나올 때까지 2시간을 못 기다려
8시 5분 전에 도망 나왔슈
물론 근사한 출판기념 떡과
귀한 수박도 식탁에 있었지만
떡 배 따로 수박 배 따로
뜨끈한 국 배 따로

찬물에 밥 말아 밤에 혼밥 하시는 거
그거 과하게는 마슈
가끔은 누룽지 사다가 숭늉도 끓여 보소
후 불어서 한 번은 나 먹고, 이크
또 후 불어서 저리 가는 척하다가
유턴하여 또 나 먹고
생각보다 혼밥 재미 있슈, 세상 별건감

《팔도문향》 2018

폭염

말복의 해야
할 말이 있으면 빨리 하고
말 다했으면 침묵의 가을로 가자
볼 때마다 입술을 진하게 칠하고
항복을 강요하는 것이냐

너는 아침마다 동쪽 창으로
꼿꼿이 서서 들어온다
늦은 오후에 한 번 더
높은 빌딩 서쪽 창에 비쳐
반사각으로 또 쳐들어온다
하루 두 번의 정사情事는 무리다
나 일찍이 동쪽 방에
정결의 신을 향한 탁자를 놓았거늘

말 잃었으면 침묵의 사원으로 가라
길 잃었으면 태어난 곳으로 가라
친구가 필요하면 공원 벤치 분수
물줄기 뿜어대는 사이사이
강한 반짝임으로 자존심 식혀라

얼음물에 얼음덩이를 넣은 아이스핫
한 잔 마시는 것만으론 어림없겠지

오, 차라리 북극으로 가자
오로라의 떨림으로
침묵의 긴 황혼으로 체크해보자
거기도 지평선은 똑바른지
빙빙 돌아도
지심地心은 과연 튼튼한지
동서남북 식별은 잘 되는지
거기는 벌레 없는 세상
밤이 없어도 잠을 잘 수 있는지
체온 문제보다 영혼 깊은 곳
얼마나 색칠을 할 수 있는지

《팔도문향》 2018

벌레 이야기

"전화 고마워 나는 맨날 혼자야
우리 집엔 개미 새끼 한 마리 없거든"
친구 전화에 대고 쉽게 말했더니
벌레들이 몰려들었다

보통 개미의 반도 안 되는 작은 개미
드릴을 들고 다니는 씩씩한 쌀벌레
작은 풍뎅이와 꼬물꼬물 애벌레
온 집 안에 유유히 내놓고 다닌다

아닌데, 이건 아닌데,
너와는 차 한 잔 할 수 없는데
같이 산다는 건 더욱 어려운 일인데
잡아도 잡아도 끝이 없어
눈물을 머금고 독한 약을 뿌렸다

어느 창으로 들어오는지
어느 구석에서 새끼를 치는지
출처 애매하고 종류도 많고
온 나라에 우글우글 그런 거란다
한恨보다는 외로움이 좋은 거란다

《팔도문향》 2018

작은 기도

진부한 언어는 모두 잊게 하소서
주머니 많은 넉넉한 옷으로 갈아입고
맑은 모래와 깨끗한 조약돌 지천인 곳으로
마음의 물결 출렁이며 달려가
거기 가장 예쁜 돌만 정성껏 골라 담아
주머니에서 하나씩 꺼내 보여드릴 때

어떤 것을 기뻐하실까
미워도 버리라고 하지는 마소서
험한 파도 곁에서 겁 없이
마냥 소꿉장난해보고 싶어라

속삭이는 한 시간을 허락하소서
태어나기 전 모든 어리고 착한 언어,
뱃속의 꼼지락거림과 옹알이까지
기억나게 하시고
지금까지 받아본 사랑
다 깨닫기 전까진 감히
사랑이란 말을 입에 담지 않게 하소서

《한국현대문학작가》 2018

귀향? 나는 떠난 적 없소

나는 떠난 적 없소 고향이 나를 떠나갔소
어린 시절 뛰놀던 기억은 그대로지만
옛 동산은 아파트 대단지가 돼버렸고
강변은 차량 홍수, 무엇을 그리워하겠소
할딱대는 향수에 불붙이려는
향우회 같은 건 이제 와 언감생심

고향은 떠난 곳이 아니라 향하여 가는 곳
가다가 모르는 산속에 주저앉기도 해요
탱탱한 장딴지 요술램프를 문질러
신발창을 갈게 하고
잔설의 꽃잎 곡예 춤을 배우는 거라
겨우 둘레길 걷기가 고향 셈법 가깝소

문협 시분과 무크지, 《나의 고향 나의 어머니》 2019

Homecoming? I've never left

I've never left. My hometown has left me behind.
The memories of running around in my childhood are vivid,
But that old hill turned into a large-scale apartment,
The riverside's full of traffic. What should I miss?
Perish the thought that a hometown association
Will revive gasping nostalgia

Hometown is not a place to leave, but a place to head.
Sometimes you can sit flop someplace you don't know on the way.
Rub a magic lamp on the muscled calf
To change the shoe soles.
Learn how the petals in remaining snow dance.
Walking a trail is almost similar to the way to measure in hometown.

번역: 한국문인협회 시 분과 정미선

젊은 고향

꿈속에 훌렁 덜컹 넘어, 다녀오리라
산과 바다가 짜릿하게 만나는 북녘
젊은 고향, 아득하다

뒷산엔 바람에 꺾인 잔가지 수북해도
앞산 어린나무들은 인사가 해맑고
부모님이 나보다 훨씬 젊으시고
십 리 밖 구멍가게
벽지 바랜 신문의 눈초리 꼿꼿하다

물안개 오롯이 추슬러
밤송이 하나
툭 떨어지는 소리
낡은 피부가 사라지는 소리
답답한 시간 거리 다 사라지누나

그리하여 잠 없어도 꿈이 많은 곳
명절이 아니라도 다녀오리라

《상상탐구》 2019 공모주제: 통일

향기 나는 분갈이

무스카리(Muscari) 화분 하나를 샀다.
지중해-중앙아시아가 원산지라 하니
마음의 스승님만큼 먼 데서 오셨구나
옅은 청자색 꽃이 향기 그윽하고
자태도 시원 늘씬하여 홀딱 반했다

화원 매장의 플라스틱 화분은 임시 거처라
넉넉한 도자기 화분에 옮겨 품위를 높이고
뿌리나 줄기가 다치지 않게 조심하고
흙을 추가하고 물을 흠씬 주어야지
분갈이처럼 통일도 생명이 우선이라

비록 잡초들이 선수先手를 치지만
봄은 그런 것, 화단 울타리 둘러치고
희망의 깃발을 휘날려야지
'잘했어요' 박수갈채 들을 수 있도록!
우리 강산, 우리의 텃밭 화단이기에

《상상탐구》 2019 공모주제: 통일

서울 하늘의 별

전엔 서울 하늘에도 별이 가득했다.
"다음엔 저 별들 이야기를 해요"
속삭이며 헤어진 청춘아
우물쭈물하는 사이 별들이 사라졌지

별 이야기는 이제 NASA, 공상과학,
혹은 자만의 뾰족지붕 위로
기어오르다 흩어져 보이지 않는다
무정한 우주의 긴 시간 속에서
얼마나 많은 설렘과 반짝임이
골목길 가슴 가슴에 교차하였던가?

햇빛이 비스듬히 창에 들어올 때
집 안의 먼지들이 일제히 데뷔하는 그
장관에 놀랄 뿐이다
마루 소파 책상에서 반짝반짝하는 그
먼지, 옷과 피부에서 떨어진 분신투성이를
어설픈 걸레질로 벗어나 보려 몸부림할 뿐
먼지를 닦을 때마다 별을 생각해야지
회색의 시간, 멀어서 별이고 몰라서 별이고
익숙하여 먼지일 뿐

윤동주가 외쳐 부른 북간도의 별,
나라 빼앗기고 허리 잘리고
너무 추워하는 북녘의 별,
비무장지대 하늘 가득 빛나던 별 무리,
새아씨 가락지 신표信標에서 끈적이고
새벽이슬에 비치던 별들은 어디 있는가?
쿠크 선장이 쳐다본
정열의 남십자성은 어디 있는가?
크는 달이 혼자 도시의 강에 떠간다오

불은 아주 약하게 켜자 별 돋나 보게
저고리 안의 불과 속삭이자 별 돋나 보게
대로를 살금살금 행진하자 별 돋나 보게
바보 같은 시를 쓰자 별 돋나 보게
싱거운 신화로 말하자 별 돋나 보게
가슴마다 가깝고 낮은 별 좀 돋아나오게

《화랑대문학》 2019

한 길 가기

우리는 머릿속에 같은 지도가 있어
같은 길을 간다
앞뒤 거리 시간은 중요한 게 아니다
만남도 헤어짐도 중요한 게 아니다
몇 년쯤 못 봐도 몸살 나지 않으니
앞뒤 어디쯤 있으리라
못 봐도 잘 보이는 맑은 얼굴들

가로등 희미한 어느 시골길에서
눈짓 한 번으로 뜨거운 숨결 잦혀
해우解憂 하러 가자
머릿속 지도는
낡은 지폐처럼 꼬깃꼬깃해졌지만
이젠 빚을 거지반 갚았겠지?
연병장의 풀꽃 환하게 피어 있으리

《화랑대문학》 2019

여시아문*

뿌리와 줄기는 흙바닥에 물 한 잔 놓고
사랑을 맹세했네
뿌리는 땅속으로 깊게 깊게 내려가고
줄기는 하늘로 높게 높게 올라갔네

둘 사이, 자꾸 멀어져 재회할 길 없네
폭풍우에 빈 가지들이 파르르
고인 빗물을 거울 보듯 하였네
백팔 배 천 배拜
달콤한 수액이 전신에 흘러
반야와 금강경 향기 짙어지고
눈앞의 환상까지 색다르게 펼쳐졌네

오, 무지한 나는 책 한 권 내내
색다른 사랑을 대하는 충격으로
오온五蘊** 저리고 아득아득하였네

* 곽병수(31기) 소설 『如是我聞』(2016)을 읽고
** 오온(五蘊)= 색(色) · 수(受) · 상(想) · 행(行) · 식(識)

《화랑대문학》 2019

에이 티 엠 (Automated Teller Machine)

이름과 번호를 대면
금방 속속들이 나를 알고
어찌 사는지 궁금해하는 친구가 있다

내 기록을 다 알면서도
몰랐다는 듯 새침하다가
주인님 받들 듯 엣 엠(at M)!
반듯하게 정렬해 서 있구나

"준비된 말만 골라 하기는요
비를 피해 들어오셨나요?
체온을 측정할까요?"
그런 말도 들려오는데
왠지 졸아드는 나야, 나!

《화랑대문학》 2019

감자 캐기

날마다 다크 초콜릿 축제였나
눈 가리고
사랑의 실뿌리를 몸에 감더니
실하게 자랐다

찾을 때 바로 거기 있기란
쉽지 않을 텐데
햇빛 눈부셔 도리질하며
몰랐다는 표정이 왕 능청,
환한 웃음 줄줄이 따라오누나

국립현충원 시화전(2019 가을) 출품작
《화랑대문학》 2019

만두

만두는 속을 헤집지 말고
우선 조금만 베어 물어라
머리는 숙이고

궁금해서 속 끓이는 사람아,
우지끈 뚝딱 열어젖히면
다 무너질라

사람 사이는
덩치 큰 만두 먹기
첫입에 국물 방울이
입안에서 톡 튀듯

순정은 가슴께로 흐르고
속정은 곱게 터져야 하리

《팔도문향》 2019

루이스 호수

시시한 추억이나 되씹으려면, 오지 마
캐나다 로키의 3~4천 미터 산들이
꼿꼿 수련 중 서슬 퍼런 죽비 들었다

5월 하순에 루이스 호수는 얼음벌판,
안내자도 어쩔 줄 몰라
"건너 쪽은 험한 절벽이지만
이쪽은 둘레길이니 편하게 산책하세요"

아냐! 수련해야 해! 수련해야 해!
우주는 한 덩어리
때론 험하고 때론 잔잔하단 말이다
"해는 또다시 뜬다."*
북곰 한 마리 또 후다닥 지나갔다.

* E. 헤밍웨이의 소설 제목임

《팔도문향》 2019

메주

시인이라면서 왜
마음이 곱지 못하냐는 핀잔을 듣고
반성하면 그만일 텐데
나는 변명한다

아기에게 다가오는 벌레를
황급히 맨손으로 집어내는 엄마,
부엌에서 칼질도 잘하는 엄마가
세상에서 제일 곱지

몸도 마음도 잘생겨야만 하는가?
제풀에 엉덩방아 찧기
속 재어 꾹꾹 담그기
부스스 일어서다 수없이 주저앉기

그리하여 어느 날
장독대 뚜껑을 열어보실 임이여,
퀴퀴한 냄새 아랫목 차지는
좀 참아줍시다요

《팔도문향》 2019

침엽수

날카로운 사람이 따로 있나
가늘고 뾰족해도 그리 날카롭진 않다네
너무 촘촘히 발돋움하다 그리 되었어

초승달 기울고 가을바람 찰 때
들리는 것은 많지만 보이진 않는데
활엽 잎들이 땅으로 뛰어내리는가?
저 구르는 소리, 나는 심장 약해
꼿꼿이 서서 겨울을 또 맞는다

초록 잎 사이사이
은색 찬란한 활엽闊葉이 내 무대요
음악도 주로 믹싱(mixing)
수백 헤르츠로 떠는 바늘잎 기타 줄
거기에 드럼과 카리용(carillon) 종들
서툰 노래부터
인어人魚의 가려움증까지
송신送信 주파수는 꽤 높은 편이다

《팔도문향》 2019

명절 연휴

시간을 툭 잘라 액자에 담으면
괜찮은 정물화
검은 숲은 산짐승 허리 같고
달이 떠오르자 파도는 하얗게 부서진다

등대 하나 있을 법한데
사람 하나 있을 법한데

아이들 재깔대는 TV 프로
중간을 툭 잘라
내게 이어 붙이기를 하면
괜찮은 정물화
명절 허리춤이 하얗게 부서진다

《팔도문향》 2019

끼워 넣기 동행

나는 도시 상가 카페를 좋아하고
너는 산천 숲 고적을 좋아하지만
밥상 수저들이 서로 충돌하지 않듯
평화롭게 여행지를 끼워 넣는다

서로 수저의 운전 코스를
묘하게 피해 가는 즐거운 식탁
아직도 어리뜩하니
다음번엔 한 젓가락 먹여줘야지

손가락 빗꽂이 인터리빙(interleaving)!
감탄사로 끼워 넣는 동행을 하자
턱받이 벗을 때
향내 퍼져 오래도록 취하리라

《팔도문향》 2019

그림자

동네 어귀 느티나무 그림자는
온 여름 진하고 시원했다
태풍이 몇 차례 지나갔고

이제 가을 나무들은
부스럭부스럭 뒤통수 긁으며
어설픈 그림을 그릴 셈이구나

다니던 길이 태풍에 사라져
개미들은 꿈꾸듯 헤매고

낙엽 위에 그려진 희미한
나무 그림자
내 그림자
어수선한 연말 곳곳이
방황의 교차로라 그런 말이구나

《동작문학》 2019

바람 2

하나, 둘, 하나, 둘,
능소화 떨어지니
꽁초 몇 개 섞여서 옹기종기
하늘의 별을 세고 있다

면목부지面目不知의 바람이라
그 얼굴과 식견을 어찌 알리오
소리로만 지나가니

하나, 둘, 셋,
열심히 쓸어도 끝이 없구나
입술만 달싹거리지 말고
움직여라, 쓸어 담아라,
나도 게을러져 소리만 낼 테요

《동작문학》 2019

포인세티아

잎사귀를 두들기던 힘찬 장대비는 잊자
겨울비 뿌려
길가 카페로 뛰어 들어갔더니

오, 햇볕 한 조각
립스틱 진하게 칠을 하고
다소곳이 나를 기다렸구나
언제부터의 행운이었나

연말 장부 만들기는 잠시 잊자
이 몸도 장식해야 하리

수줍게 맴돌다 그대 곁에 다가가
천연스레 앉아야 할 테니까

《동작문학》 2019

착각까지 축복이어라

땅은 지평선 울타리를 쳐 자전 공전을
모르게 했고 바다는 수평선 장막을 쳐
다 보고 사는 줄로 착각하게 했다

부모님은
세상이 부드러운 것이라 착각하게 했고
선생님은 항상
의롭게 살 수 있는 걸로 착각하게 했고
당신은 앞만 보고 뛰는 나에게 늘 박수
잘 뛰는 줄로 착각하게 했다

아이들이 따듯한 뺨을 대주고
멀리 떠나갈 때 비로소
내 평생의 지식도 안목도
아주 믿을 것이 못 됨을 알았다

내 사랑 채울 시간이 남아 있음을
아주 많이 남아 있음을
그 또한 착각일지라도
착각까지 내겐 축복이어라

육사 총동창회보 2007

2018년 6월

맑은 날 우산을 든 바보 둘이
수학 문제를 냈는데 답은 없단다
다음날은 투표일

기둥 잡고 맴돌던 카드들이
팔랑팔랑 팝업(pop-up) 춤을 추며
다 풀었다고 자축하니

진실과 데이터를 비웃는 너는
누구냐?

감感으로 입력하고
낯선 지점을 맞춘다는
그 무슨 외삽법(extrapolation)?

우산 안팎을 푸석푸석 뒤집으며
각본에 맞춰 답을 내는
프로그래머?

첼로

사랑으로 속을 다 채울 순 없겠지
그런데 나는 왜 이렇게
덩치가 클까?

차라리 속을 텅텅 비워
잘 울리는 악기가 될 수 있다면

나무통 같은 나를 다행히
임이 만져주신다면

낮지만 치열한 소리, 아니
아무 소리 못 내도 행복하겠네

다만 일관된 음색으로
하늘 멀리 수놓을 수 있다면
거긴 슬픈 기러기들이
굶주린 악보를 오장육부에 담아
끝없이 쏟아내며 외치는 곳

내게 맞는 반주자 찾겠단 욕심은
애당초 부리지 않을 것일세

백일몽白日夢

낮잠 자는 꿈을 꾼다
꿈속의 나는 무장무애無障無礙
하이힐 신은 레지가 다가와
크림 설탕 듬뿍 휘휘 젓는다
장미 향, 햇빛 한 줄기,
눈부신 찌르릉 소리

당신은 신나는 쇼핑 중
재빨리 "사랑해요"라고 쓴다
핸드폰이 찔끔 놀랄 때
나는 아주 아주 작아졌고

너의 자전거 뒷자리에
덤처럼 올라앉는다, 씽씽
꿈속에선 절대
비틀거림도 넘어짐도 없다
꼬불꼬불한 라면 시리즈로
값싸고 맛있는 백일몽이
내 안에서 기지개를 켠다

아마추어 국민

영화관의 미덕은 입을 다물게 하는 것,

영화가 상영되는 중 어둠 속에서
조금 미운 사람, 중간쯤 미운 사람,
지독하게 미운 사람 자꾸 보여
벌떡 일어나 밖으로 나갔지

물론 영화는 영화,
곧 끝나는 것이지만

삶을 파먹는 악마의 미움은
왜 이리 수십 년 새끼 치는가
미워할 줄 모르면 아마추어 국민
오, 순진함이여

망구望九

매일 같은 산을 바라보며 살아도
질릴 리가 없고
매일 같은 강이라고
싫증 낼 리 없다

언덕길에선
두리번거리지 말고 땅만 봐라
가파를수록

한강엔 황포돛배 마포 젓갈 언덕
밥 굶지 않고 자란 것은
아슬아슬한 부모님의 고초
우방 혈맹의 도움 그리고
믿음 때문,

그래서
가난을 그리워할 수밖에 없음이라

밖에는

집 안에 있으면 은근히 바빠
우편물 영수증 정리, 컴퓨터,
TV 시청, 설거지, 세탁,
그래 봤자 급할 건 없지

가볍게 마스크 걸치고 나서니
가볍게 구름 떠가고

사진 찍어 달라는 새싹들과 나,

가벼운 입맞춤의 카톡/페북

이게 다냐? 다로구나

마중물

자세히 보면 제각각 그래서 숲
쉬지 않고
나무들은 늦가을을 향해
책 한 권 만들고 있다

부스럭부스럭
조금은 겸연쩍어하면서
조금은 대견해하면서
노구의 햇살로
맨땅에 연습용 그림을 그린다

강바람 세찬 비탈 사이
분출하는 생수를 꿈꾸는 곳
역류逆流로 모아보는
내 책이자 곧 너의 책

제목도 내용도 만든 날짜도
어쩌면 제각각이지만
뿌리들의 어울림 곱다

제2부

코로나 이후

2020~2022

바이러스 경보

연초 모임들이 연달아 취소되었다
천지간에 나만 시들시들하다 생각했는데
대륙이 백만 분의 1밀리 크기에 당했단다
젠장 때려줄 수도 없고 아무튼지
난 힘이 남는다
아무 데도 아프지 않다
아무 음식도 생각나지 않는다
아무 얼굴도 떠오르지 않는다

시간은 바위 목을 길게 뺀 채
꽃 꿈 자맥질하는 강물을 눈길로 훑고
전화조차 잠잠한 하루 또 하루,
창가의 질그릇 꽃병들이 빈 입으로
이제부턴 나를 '작은아버지' 대신
그냥 '아버지'라 부르고 싶다는 게다
좋을 대로 하렴, 바뀐 건 없어!
예쁜 꽃 듬뿍 꽂아줄 봄이여 오라
이즈음은 고독도 아픈 사랑도 아닐 테니

《문학춘추》 2020

코로나와 장미

갑자기 재채기가 터지고 콧물 쏟아져
덜컥 겁이 났다
이마에 열은 없지만, 그래도 코로나일지 몰라

스승의 날 선물 받은 장미꽃 다발에
조심스레 코를 대보니
이크 큰일이다
아무 냄새도 나지 않는다

케모마일 티백을 꺼내 다시 후각嗅覺 검사
5월의 싱그런 들판 냄새 깊으니
이상은 없구나

카네이션 크기의 신품종 장미 다발이
사진이나 찍어달라고 오들오들 떤다
미안해, 사진 찍어줄 게 내 사랑!

"사랑한다 고로 나는 존재한다"라고 했다던가
니시다 기타로 철학 교수의 이 말에 대해

'사랑이 무어냐'고 진지하게 질문해오신
문학회의 시인 선생님 얼굴이 불쑥 떠오른다

그때도 대답을 못 찾아 부끄러웠는데
지금은 왜 향기가 없냐고
장미 탓을 하려 했다

콧물은 멎었으니 다행이고 후각 이상 없으니
됐다, 좋은 휴지 몇 장 접어서 갖고 다니다가
휴지 쓰실래요? 생끗
이렇게 지나가면 참 다행스러울 일이었다

마스크

사랑니 하나를 뽑았다
솜을 꼭 물고 있으라 하기에 며칠 그랬더니
입과 턱이 굳어버렸다 바보 같으니
사랑 때문에 얼굴 전체가
굳어버릴 수도 있다는 걸 그때 알았지

코로나 방역 마스크를 벗고 살 날이 올까,
입을 다물면 추억이 더 많이 지나다니더군
지겨운 방역 마스크 안에도
아름다운 옛날이 촘촘히 웅크리고 있다는 걸
이제 알았지

미숫가루 한 잔을 강의실 탁자에 놓고
'건강하세요' 속삭이며 돌아서던 여학생
누가 놓고 갔는지 알 수 없는 주스 캔 하나
좀 쉬려는 10분간 휴식에 조르르 달려 나와
길게 말 시키는 미운 학생
마스크 안의 얼굴은 아마 되게 찡그렸을 거야

선거철에 길게 붙여지는 벽보를 봐요
줄서기와 눈치 보기로 끝날 싸움일 텐데
사진들은 어쩜 이리 활짝들 웃고 있는지
가면답구나
벗어놓은 내 방역 마스크가
모로 누워 빙그레 웃는가 보다

모나리자

모나리자는 길가에서 수박 좌판을 지키다가
늘어놓은 수박 조각 속살이 부끄러워
손님 발등에 떨어트렸고
맨손으로 구두를 쓸어 닦으며 굽신거렸네

'빚은 거반 갚았나?'
송아지를 핥아주는 어미 소의 대꾼한 눈
그 자비의 눈길을 나는 잊지 못하네

여학생 때 이야기를 슬쩍 꺼내며
머릿수건 고쳐 매는 버릇도, 오!
사랑은 고쳐 매며 거칠게 자라는 것

남아프리카 아굴라스의 거대한 태풍도
한때는 잔잔한 반짝임이었다 하네
어느결에 큰 파장으로 세상을 바꾸려나 보네

《문학춘추》 2020

종점終點

초겨울 가난한 석양이 사그라질 때
허탕 버스의 수를 세기 시작하네
세고 또 세는데 별들 반짝거리네
버스가 엔진을 끌 때마다 하늘은
비로드 커튼을 내려 1막, 2막, …

서성대는 한 뼘 추억을
호주머니에 찔러넣고 만지작거릴 때
흩뿌리는 포장마차 불씨들 사이로
놀라시는 고운 얼굴 돋아나곤 할 때
휘파람 소리 들리는 듯할 때
가로등 짓궂이 설레설레 저어댈 때
조용히 돌아가 냄비를 올려놓을 때
냄비 뚜껑에 별빛 방울 맺히려 할 때

오, 기다림은 때, 때, 때요
사랑의 틈새로 내다보는 시침 떼기라네

《계간문예》 2020 봄호

기어이 떠나십니까

썰렁한 날
휙휙 지나쳐 가는 밤길의 차들아,
다가올 땐 너무 환해 눈부시지만
금방 까맣게 멀어지면서
빨간 등 깜빡깜빡

멀어지는 것들은 브레이크를 밟는다
가면서
브레이크를 잡았다 놓았다 하려거든
그냥 작아지시구려

색즉시공色卽是空의 뒷모습
그렇소, 노란 꽃 올망졸망한
국화 화분 하나 들여놓으리다

넓은 들판이 방안에 펼쳐지리라
거기 한 점 좌표로 앉아 있으리라

《계간문예》 2020 봄호

출구

환승역 출구 찾기는 간단한 필연必然,
하지만 물방개에게 시켜보고 싶을 때가 있다
'당첨의 영광을 물방개에게'라고 외치면서
설명할 수 없는 오차항의 등에 실려
물장구나 치고 싶은 것이다

3번 출구, 왜 하필 3번? 밖은 봄비 내리고
개나리꽃이 한창인 울타리 지나면
언덕 위에 요양병원이 있고,
어디론가 떠나려는
언어 상실의 봄이 누워 있다

가지 말라는 듯 비는 점점 세차게 오고
낡은 지붕 길바닥 화단 하수관으로 흩어지는
빗방울들의 여행담을
우연 그득하게 엮고 있는 이, 누구인가?

저만치 동심의 출구 멀리 내 필연의 시절이
씩씩한 걸음걸이로 멀어지고 있었다

《계간문예》 2020 여름호

바다야 울자

비가 쏟아질 때를 기다려 바다로 간다

수평선 잣대는 구름에 묻혀 있고
가까이 바다는
볼링 핀 억만 개를 세워
스트라이크 치듯
출렁이는 가슴에 그 핀을 다 묻는다

뺨을 타고 흐르지 못하는 눈물
가슴에 묻어버려
엉엉 울어본 지 오래되었구나

서너 걸음씩 물러서며
파도로 내 표정 살피련

물새들은 멀리 맴돌며
습도 있는 기도를 외쳐대고 있다

《계간문예》 2020 여름호

동전

여행 뒤에 남는 건 반짝반짝 동전 한 줌이네
센트, 페니, 코펙, 그로츠, 센, 하오., 리파,
그리고 나,
죽 펴놓고 둥근 잠자리 겹눈으로 보면
소수점 아래의 정확성으로 두둥실 떠오르고
존재의 증거, 내 한때의 멋이 굳건히 빛난다네

백악관 근처에선 쿼터(4분의 1달러) 주차를 했지
반 유로 화장실을 찾아 뱅뱅 돌던 파리 베네치아
잘 참기 위해 에스프레소만 홀짝댔네
공중전화 부스의 추억은 이제 고고학 반열이요
러시아 캄보디아의 떠돌이 행상 아이들이 외치던
"원 달러!" 싱싱한 신호탄 같았네

작은 동전에도 국명과 제 크기가 명기돼 있으니
값어치가 적어도 자기 가치를 당당하게 밝혔다
실제들이 모여 내가 되고 역사가 되고
그 사이에 동전들처럼 촘촘히 좁혀 앉아 보자
힘들어도 웃음꽃을 찾아 꼭 쥐어보자는 뜻이다

《상상탐구》 2020

풀잎

아무것도 떠가지 않는 강에
와글와글 붐비는 강변보다
배들이 많이 지나가는 강에
한적한 강변 언덕
거기 돋은 풀잎이 내 사랑이요

조금씩 흔들리는 것은
너그럽게 용서하오
흔들려도 숲은 그냥 있을 터
하늘 한 뼘씩 나누어
머리에 이고

거짓 없는 숨을 뿜는
싱싱한 흔들림이 내 사랑이구나

《상상탐구》 2020

영일만

해병 수영훈련을 받아보니
준비체조 1시간에 수영은 10분
뜨거운 모래에서 오만 체조를 해야만
잠깐 물에 들어갈 수 있었다

아라비아에는 요술램프와 거인이 있고
영일만에는 연오랑, 세오녀,
쉼 없는 파도 그리하여
느티나무는 제곱씩 굵어지고
어르신들 웃음은 세제곱씩 커지고

수백 톤 바위도 가볍게
오늘도 나라 세우듯 살아가시라
삼백육십오일
펄떡이는 심장과 용광로와
뽀빠이 팔뚝 여기 있으니
명령만 내리소서

《화랑대문학》 2020

강가에서

나라는 황폐해도
산하는 여전하다 하니*
여산 절강은** 바라지 않소
작은 시골 강가에 홀로 앉아
물살 찰랑이는데

급히 떠난 친구의 음성
그리움이 익숙한 나이 되었소
제비꽃 패랭이 허브 나비
팔랑거리네

석양 끝자락은 쉬이 놓아주고
외진 가로등 간지럼 태우기
가벼운 것이 더 멀리 흘러간다오

* 國破山河在 -두보의 〈춘망〉 중에서
** 廬山煙雨浙江潮—소동파의 시제

《화랑대문학》 2020

소리 경치(Soundscape) 1

태평양 저쪽 올림픽 반도는
작지도 크지도 않은 반도半島
12개의 강과 2백 개의 실개천을
2천 미터 넘는 산들이 줄줄이 서서
영웅의 정원처럼 내려다보니

누가 감히 헛소리 내뱉으랴
해변엔 떠밀려온 아름드리들
숲길엔 새끼 곰 조신도 하구나
나뭇잎 흔들리는 소리
꿀꺽 침 삼키는 소리
인간 소음 최소 지점 간직하구려

태평양 건너 또 하나의 반도는
우람한 장수 나무가 태부족이고
말이 점점 빨라지는 농담 연습장
초립草笠의 방문객들이여
아침의 나라 조용히 있다 가시라

《화랑대문학》 2020

대초원(Prairie)

덜컹덜컹 열차는
강물보다 열 배나 빠르고
차에 탄 나의 시선은 빛의 속도
앞뒤 수십 리 철로가
끝에서 끝까지 다 보인다

보이는 만큼 몸가짐을 하게 돼
비로소 하늘도 보이는 거구나
내리고 쌓이고 녹는 겨울에도
애오라지 꿈에 보이는 거구나

작은 몸으로 대평원을 가로지르다니
진창에 무너져도 기뻐 반짝이리라
나는 창으로 내다볼 수 있는
가장 큰 풍경을 살아야지
언제나 지금,
다 보고 들으며 오래 살아야지

《화랑대문학》 2020

거리 두기

언제 봐도 새는 공중을 날고
사람들은 스마트폰에 열중하네
얼굴 보기 민망하여
꽃들은 얼굴이 없다

태풍 지나간 나무에
달랑달랑 붙어있는 잎새로
우리 차 한 잔 나눌까?
우리라니, 우리라니,
기왕 멀어질 거면 안드로메다
먼지, 원자, 분자, 전자, 이온

거짓말을 하자, 눈도 깜짝 않고
'사랑한다' 말하자
얼굴 없이 두리번댈 생각 말고

《화랑대문학》 2020

파격

파격의 미학으로 다가오시는 이여
등급에 얽매인 내게 오심은
천둥 같은 파격破格

파격이 참 품격임을 고백하리라
나무가 돌무더기 위에 올라앉고
울타리 없는 연못에 악어가 살고
사이프러스와 맹그로브 나무들이
물속에 뿌리를 내리는 곳
내 초라한 움막에도

격식을 따지지 않는 사랑이 숨 쉽니다
활력과 위엄으로
바람까지 돌보시며
비천한 내게 오실 줄은 몰랐습니다

《동작문학》 2020

경보

정신들 나갔다
길 가며 핸드폰 보느라 앞을 안 보니
발걸음이 비뚤비뚤

부딪힌 사람이 억수 예쁠 때
종일 기분이 좋다
미안하긴, 제가 와서 박는데
나도 향수 좀 뿌릴까

정신 빼놓고 한낮에
길 복판에서
비뚤비뚤 간다는 말이구나
그냥 하루가, 한 달이,
그냥 한 해가
이리 간다는 말이구나

《동작문학》 2020

꽃물결

편도 차표 팔랑대며 떠난 네가
소식 한 자 없이
이 너른 들판에 와 있을 줄이야

온천지 꽃 물결치는
고귀한 사명 때문이었나!

화병은 기막혀 입을 못 다문다

《동작문학》 2020

귀향

강물은 넉넉한 시간표에 따라
고향길을 떠나고
나는 클로버 가득 핀 강가에서
배웅 못해 서성거린다

둘러보고 가지 않으련
네잎클로버 찾기를 하든지
새들의 말소리를 궁금해하든지
챙겨 볼 게 많을 텐데
경치는 아예 빼려느냐

커튼 내리고 귀향하는 자,
그 삶은 필시 인물화가 포함된
서투른 소묘素描일 터
고향엔 인물 소재가 많을 거야
스케치북 한 권 살뜰히 구우며
그 향내에 취해 보려는 거구나

《상상탐구》 2021

신기루 사막

네바다 사막 입구에서 보니
사람들 표정이 엄숙하고 말이 없어
황도의 권위 앞에 불려 나온 듯하다

서둘러 가다가 신기루와 마주쳤다
길 없는 진짜 사막이 앞을 막았다
시커먼 구름이 한 줄기 피어오르고
아라비아의 로렌스가 낙타를 타고
언덕 위에서 달려 내려왔다

이글거리는 푸른 눈에 우람한 영혼
내 젊은 날의 우상이었지
낙타는 턱없이 큰 얼굴로
초보의 카라반을 그윽이 내려다보거나
먼 데를 보며 무심한 새김질을 한다

향료와 비단을 다루던 고귀한 부족,
이제는 난세의 초인으로 오신 것인가
긴 속눈썹으로 빙그레 웃지만 말고
사각사각 모래 밟는 소리로 오라
소리 전에 적막이 먼저였으리

바이러스쯤은 걱정 없겠지
낙타여, 커피 한 잔 하십시다
한번은 뜨겁게 한번은 차게
꿈도
한 모금은 쓰게 한 모금은 달게
오아시스만 찾지는 않으리

세월은 지평선 너머에서 맴을 돌고
나는 오늘의 햇살만 탓한다네
큰 사막이든 작은 사막이든
바람 솔솔 바뀔 때가 있을 것이다

《월간문학》 2021. 08

입항入港

수평선은 둥글게 나를 둘러싸고
쉽게 놓아주지 않는다
고향의 마리아와 등대는
두 손 모으고 제자리에 서 있다

두 세계를 오가는 자여 조신하구나
근해에 들어설 때부터
내 가슴은 쿵쾅대고
부두에 접안 할 때
내 배는 긴 치마 새색시 걸음

일엽편주一葉片舟가
고향에선 빌딩 대접을 받으니
상처 많은 뱃전
흙모래 조가비를 닦아내다가
고귀한 진주를 찾기도 한다오
나 여기서 무슨 말로 무용담 펼칠까

《상상탐구》 2021

G선 상의 아리아

품위 있게 늙기란 얼마나 어려운 일인가
세상이 변해서 어렵고
세상은 변하는데 하루하루가 같아서 어렵다
같은 그리움으로 하루가 시작되고
허리 펴는 어둠으로 하루가 잠든다
자주 들려오는 소리, '밥상 어땠어요
간이 맞았나 모르겠네',
엄지척, 사람의 입맛은 놀라워
일기장은 장장이 다르지만
일기에 쓰지 못하는 부분이 정작 어렵다네
제자리 그 자리를 사랑하리라
같은 걸 다르게 살아보리라 애쓰다가
사람들은 결국 G선 상으로 되돌아온다네
되돌아가기 쉬운 음을 알아낸
싱거운 사람, 바흐는 목마름의 선상에
무한 반복의 재생 키를 눌러놓고
켜둔 채로 외출 중이구나
그래서 아리아는 대개 혼자다

《계간문예》 2021년 가을호

넥타이

목에서 가슴까지 깃발 하나로
내 부족한 하루를 대변하리라
한 달 치 묶음에서 하루를 뽑거나
넥타이를 다 꺼내 펼쳐놓아
내 나비를 만들어 보는 것이지

알록달록 추억을 위해서가 아니오
비 맞은 날 후줄근해진 것까지
나비야,
삶이 가벼운 걸음이었니?

살아온 날들이 펄쩍 놀라고
살아갈 날들도 가볍게 몸 비틀어
정말로 가벼운 춤을 추어 보라고
가슴 좀 설레보라고
벌떡 일어서서 나비 펄럭인다

《계간문예》 2021년 가을호

산업 입국

아이가 입을 악물고 자전거를 배워
제법 무릎에 힘이 들어가는지
비뚤비뚤하지만 굴러는 간다
잡아주지 않아도 근처를 잘 돌더니
어느새 운동장을 크게 공전公轉하고

할아버지는 안절부절 눈을 떼지 못해
운동장 가운데서 자전自轉 바쁘다
뒷자리에 좀 태워달라 그래볼까?
혜성彗星이 멀리 스쳐만 가도
갸우뚱갸우뚱
정직하게 살기가 그렇게 어렵구나
구심력 원심력 같은 것도 배워야 하는데

《동작문학》 2021

현충원

1.
단풍 숲이 한창 수줍다. 국립현충원,
팔십 년 돼가는 색동옷 추억을 찾는다
손잡고 같이 걸어야 할
너는 어디 숨어 있는가?
내가 바빴어, 쓸데없는 몸단장에 바빴어
몸단장은 나무들에게 맡겼어야 했네

2.
현충원 국화의 향기는 젊은 입 냄새
인고忍苦의 살 냄새
부르르 떠는 새벽 공기 냄새
멀리 기차 소리
국화는 온 나라 한꺼번에 핀다네
우리나라 파랗게 젊어진다네

3.
현충원에 가면 6·25, 1·4 후퇴 생생하다
초등학교 때 강제로 배운
"장백산 줄기줄기 피어린 자국~ 김xx 장군"
"아침은 빛나라 이 강산"(북한 국가)
못된 노랫가락 지금도 생생하여 퍼뜩 놀라고
소한에 떠나 대한에 도착한 대구까지 피난길
생생한 걸, 강제로 잊으라고?

1은 《동작문학》 2021 게재 및 2021년 현충원 시화전 출품작

사이사이

샛강 갠 하늘
풀숲 길
눈을 내리깔고 천천히 걷는다

풀들은 사이가 아주 가깝구나
말없이 서로 기댄 사이사이
뒤처진 빗방울들이
정말로 평화롭게 쉬는 중이다

풀 사이를 공연히 헤집지 말자
방아깨비 무당벌레 놀랠라
말 잘하는 뱀 나올라

《동작문학》 2021

소리 경치(Soundscape) 2

등산 차림의 옷자락들 스치는 소리
깃발 펄럭이는 소리
잠 깨야 들리는 봄의 소리
철없는 호흡을 멈춰야 들리는 소리
흙덩이 뚫는 새 생명 움트는 소리
가슴 깊이 뚫는 햇살의 소리
새장 문이 활짝 열리는 소리
해빙을 외치는 꽃들의 소리

크다고 잘 들리는 게 아닌가 보다
소리의 원점은 적막, 그리고
가랑잎 구르는 소리
벌써 겨울잠을 자자는 말인가?

장대비 방울 튕기며
묵직하게 울리던 오동나무의 자부심과
진저리치던 향나무의 외로움과
갑자기 들려온 매미 소리에
풀잎들은 놀라 주저앉는다

옥상

땅바닥은 정이월에도
푸릇푸릇 움이 터오는데
옥상은 삼월이 되어도
찬바람만 윙윙

눈을 감으면, 아주 꽉 감으면

황금 소나무 보인다
진달래 커튼 보인다

깃발 내걸어라
눈 감고 멀리 보아야 자유롭다

데이지 꽃밭에서

아직은 흙 90%, 꽃 5%

그래도 아이들은
땅바닥에 그리기 바쁜데

나는 털썩 주저앉아 마냥
작은 눈웃음 세고 있구나

꽃 이름 팻말 세워놓기는
아직 성급하겠다

새해의 입김

쓴 것으로 단 것을 삼으며 단 것으로 쓴 것을 삼는 자
화 있으리*

불필요하게 빠른 혀들아
지나치게 달고 부드러운 목구멍과 코의 만남이여
말 잘한다는 게 뭐냐
소통의 달인은 무얼 잘하느냐

정이월 네 목도리 근처부터
생명의 더운 김 어우러져라

새롭고 쌉쌀한 피드백(feedback)
이 강산에 가득 차고

대문 활짝 열어, 입을 크게 벌려,
찬바람으로 목젖과 귀를 단련하라

* 이사야서 5:20

우크라이나

우크라이나 벌판에 길잃은 흰 눈 날리고
모르는 러시아 문자들이
폐허에 폭설로 쌓이니
지금 읽을까 나중에 읽을까

나뭇가지 붓꼬리 쫑긋
몸 가누기 바쁜 까치들아
너희는 펴 나르는 자냐
아프게 쪼는 자냐

벌거벗은 나무들도
덩달아 붓을 꺼내 들었으나
탱크 끌고 와 침략한 자는 어느 쪽이냐

잔설殘雪이면
제발 녹아 없어지라고 빌어야지
춘몽春夢이면
제발 숨만은 붙어있으라고 빌어야지
쳐들어온 놈이 먼저 빌어야지

식탁

엄마 옷깃에선 사탕 향이 나고
색칠하기, 종이접기, 산수까지
내 숙제를 돕는 언니들 웃음에
타원형 나무 식탁이 자지러졌네

내 방 내 책상이 생긴 후부터
멍하니 하늘만 쳐다봤지
방패연 가오리연 훨훨 떠가고
언니들도 줄줄이
먼 훗날 내 아이들도 훨훨
식탁만 덩그러니 남아버렸소

세상에 숙제들은 너무 까다롭고
싱글의 집은 식탁이 지저분하지
장 봐온 것들, 먹던 것,
국물 자국 찔끔찔끔, 누가
행성行星 나들이 아니라던가

《상상탐구》 2022 공모주제: 가족

촌스러움을 예쁘게 봐주는

양철지붕 집 바람은 차고
남녀 구분 없이 언니라 불러
언니가 일곱
전화란 것은 아예 없었네

축하, 부탁, 정담情談
무슨 말이든 메모 쪽지에 적어
벽에 붙였어
노을빛 활활 타오르는 카페
유리창을 한쪽씩 나누어 맡아
색칠 단장하고
누가 왔나 창틈으로 내다보았지

촌스러움을 예쁘게 봐주는
촌스러움
사는 형편 어떻든
정성으로 멋을 짜내는 마음
하루하루 익어가던 유년기였어

《상상탐구》 2022 공모주제: 가족

거리학

팔꿈치에서 손끝까지는 한 자尺 반
엄마, 연인, 절친 사이
그걸 떼어놓는 관청이 생겼나 보다

공무公務처럼
한발 다가서면 한발 물러서라는 거다
안 보이는 책상이 사람 사이에 있어
네댓 자尺 거리 두기가 익숙해지고

계절도 거리 두기 하다가
사철 모두 몸이 야위어 떠나버리니

나는 서투른 풀꽃 반지 들고
찾아갈 곳 없어
거짓 화두조차 메말랐음일세

풋내야 너는 말라붙지 마라
악수할 수 없어도 지금은 그냥 웃자

장승

무뚝뚝한 얼굴이면 어떠냐
몇백 년 살고지고
지나가는 황새 무지개 그리워하며
지나가는 길손 혹은 아이들
떠드는 소리 즐겨 들으며

내가 바라는 무지개는
노들섬에 한 자락
장승배기에 한 자락
5월의 부케 향처럼 길게 깔아
지나는 사람 다 만져보게 하라

황새 한 쌍이 지나가며 하는 말
집값이야 오르든 말든
샛강엔 네 잎 클로버가 담뿍 피었단다

장승배기 장승은 오늘 좀이 쑤셔
잔뜩 긴장한 마른 입술로
달리기 출발선에 나와 서 있구나
내 나막신도 제법 새것 같다

여름날

마이너스 무한대(-∞)와 영(0) 중에서
어느 게 더 작은지
여름은 당연히 정답을 알아
우기雨期의 그 비를
허 허 웃으며 다 맞는다

소금기 뺀 향연饗宴을 끝까지 마셔라
한 우산 아래
반은 젖으며 걸어가는 두 연인이
아름답지 않으냐
벼르고 별러
붙잡지 못하는 가시 선인장 빼고
억수 샘들이 되살아 달리던 걸

공사장 일꾼들은 잠시 낮잠을 자고
시인은 병아리 머리를 한껏 쳐들어
하늘과 메모지를 번갈아 본다
건乾 곤坤 감坎 리離,
끊임없이 변하나 변치 않는 것
하늘을 보는 요나가 아름답다
더 좋은 시詩가 어디 있으랴

텃밭

주변은 온통 움이 텄는데
우리 사는 골목은 왜 이리 긴지,
꾸불꾸불 왜 이리 안 보이는지,

폭과 경사, 만나는 시선
건네 보는 이야기조차
왜 이리 꺾여 흩어지는지

말이 빨라 못 알아듣는 거다
거창한 이름이 붙여지기 전,
속속들이 보이고파 몸살 나기 전,
너의 눈빛 닮은 씨앗이면 뭐든
닿는 대로 심어도 박수 터져라

반짝이는 내 별, 너의 별
모퉁이 한 뼘, 희미한 빛!
다독여줄 수 없겠니?
빈 텃밭에서 기다린다, 너를

선인장 꽃

원수를 사랑하라는 말 때문에
서서히 미쳐가는 중

미운 만큼 웃어주기
더 미운 짓에 더 웃는 연습
더, 더, 더,

시간은 짧은 가시로 저장되고
따가움을 부둥켜안아
아주 다른 세상이 열려

오, 축복의 기습奇襲
갑자기 내 안에 꽃이 피었네

눈 오는 밤길에서

풀들은 어설픈 초봄에
얼마나 치열했던가!

밤하늘 가득 쏟아져 내리는
눈송이들의 치열함이여!

봄에만 꽃이 피는 건 아니었다

청춘도 그러하리라

우유 한 잔

일요일 아침은
낯선 한 주일의 시작,
신선한 우유 한 잔을 마신다
젖꼭지 물던 기운으로

위장을 거쳐 모세혈관까지 천천히
모유母乳 방울들의 기도문을
이제라도 듣게 하소서

월요일 아침이 되면
어떤 얼굴들로 만날까

연장전이 아니지
새롭게 햇살 빛나고
매무새 다듬어
싱그럽게 낯설겠지

오리

존재가 존재를 불러

강 따라
언덕이 있고
나무가 있고

길이 있고
반짝임이 있고
싱싱한 바람이 있고

오리 몇 마리
눈빛 반짝거렸다
꿱꿱 노래를 불렀다

누님의 마음

어느 해 11월 하순
누님과 그 댁 며느리가
오순도순 담근 김장김치,
배추 두 포기와 깍두기 조금

사 먹는 것보다 나을 거라며
십 리 밖 교회로 들고 와
전하시는 마음
받아들면서
김장 속처럼 찡했습니다

냉장고가 꽉 찰 텐데
겨우 점심 한 그릇 사드렸습니다

에필로그

교회 출판물 《상동》 기고 시 4편

인터넷 홈페이지 등의 온라인 자료

바람 3

바람은 매일 태어나네
태어나 바로 걸음마를 하네
투명하고 부드러운 손과 꼬리와
심장을 가졌네
일어서서 먼 데를 본 후로
두근대는 심장까지 갖게 되었네

담장 깍지를 손으로 훑으며 가네
괜히 풀잎을 툭툭 치네
조약돌을 잡았다가 그냥 놓고 가네
넓은 들판과 하늘을 부둥켜안네
밥때가 지났어도 '괜찮아' 하네
뱅뱅 맴돌며 '상관없다' 하네

반대로 가는 애들은 조용히 막네
젊게 보이려고 애를 쓰네
좋아라고 몸 흔들기를 혼자 하네
요즘도 두근두근 그런다고 하네
돛단배 항내를 그리워하네
손잡고 달리는 게 제일 좋다 하네

상동교회, 《상동》 2019

우리 가슴에 작은 언덕이 있네
— 상동교회 창립 113주년(2001) 축시

상동은 작은 언덕
주님이 달리신 언덕 같은 머리 위 빛나는 언덕
돌계단 열 걸음 스무 걸음 다시 돌계단 오르면
거기가 상동, 가슴 적시는 상동이라네

고종황제 계시던 덕수궁 대한문 멀지 않은 곳
허름한 무명것에 댕기 상투 단발머리들이 모였지
눈 파란 서양사람 풍금 소리가 마음 흔들었지
보스턴 필라델피아에서나 듣는다는 자유의 종
땡그렁 땡그렁 장안을 흔들었지
만주 상해 미국 정처 없는 조선의 디아스포라
슬픈 귓가에 맴돌았지

언덕 위엔 학교 운동장도 있었네
옥을 갈아 공옥攻玉, 키우고 안아주는 곳
영롱한 눈동자 올곧은 이목구비가 서러워

외치고 감싸고 부둥켜안았네

답답한 세월 달래며 해 바뀌고 바뀌어 113년
요나의 박 넝쿨처럼 잠깐 쉬는 곳은 아니지
새들이 둥지 트는 우람한 나무 그늘
언제나 굳센 운동장 쉴만한 언덕
가슴마다 피어나는 언덕이라네

울기 좋은 가을

옥합玉盒을 준비하던 여름내
나는 땀투성이였고
작은 옥합을 구해 안심하던 어느 날,
로뎀 나무 거쳐 사막 지나
주께서 오셨습니다

먼지투성이 발로
쓰러질 듯 들어오신 주님,
주의 생애와 또한 나의 삶이
왜 이래야 하는지
도무지 알 수 없어

가을밤 귀뚜라미처럼 고저장단 없이
한구석에서 울었습니다
발을 씻을 만큼
지천으로 흐른 눈물은
알고 보니 내 눈물이 아니었습니다

여름내 나의 눈물샘은 메말라 있었고

땀샘만을 풍부하게 단련했던 지난날
어느새 주님은
가을과 눈물샘을
준비해 놓으셨습니다

눈 감으면 청년, 눈 떠도 청년

— 상동교회 120주년 축시

화이트 마운틴의 므두셀라 트리(tree)는
3천 5백 미터 지점에서 4천 8백 살
가지 끝에 생명수가 마른 적 없다 하네
안개 구름 눈보라 찬바람에 햇빛은 서너 시간
그 꼭대기에서 팔십 번째 환갑잔치를 했다 하네

두 번째 환갑잔치 상은 청년답게 가볍게 차리세
무쇠 팔뚝 돌주먹은 떳떳하여 강하도다
땡그랑 땡그랑 강모剛毛 방울 울린다
눈 감으면 청년, 눈 뜨면 노인,
전덕기, 이준, 민족대표 33인 중 4인
한참 팔팔하였다
그러나 눈 뜨면 헷갈린다

숭례문 주저앉은 자리가 너무 커 보인다
광교 다리는 온몸에 파스 붙였고
노인 같은 청년들이 길거리 헤맨다
도심의 늙은 피부 조각조각 날리고
온갖 새가 둥지 틀어 가지가 휘청댄다

상동尙洞은 백 년 후에도 청년
눈 떠도 청년
백 번째 환갑잔치 상까지
떡 벌어지게 받고 싶어 가슴 울렁대는
청년 상동에게 어떤 치장을 할까

숫자에 얽매인 일백이십 송이보다
정결한 백합 수줍은 무궁화 한 수레
듬뿍 싣고 빈틈없이 태극기 꽂고
모두 노래하는 장미꽃이 되어
손잡고 겹겹이 둘러서면 어떻겠는가!

인터넷 홈페이지 등의 온라인 자료

가. HTML로 작성한 인터넷 영상 2편

[1] 봄비 오는 창

```
<html><title>poems of JKL</title>
<head>때마다 생일 카드, 성탄 카드, 연하장 등을 받아왔는데,<BR>
쉽게 잊었지요... 우연히 지하실 창고에 들어갔다가<BR>
오래된 일기장, 연애편지, 아이들의 고운 글씨, 예쁜 카드들,<BR>
예쁜 마음들이 창고에 흩어져 있는 것을 보고 느꼈어요.<BR>
마음의 창, 윈도우즈, 글자들에게 용서를 비는 시입니다.</head><body>
<TABLE cellSpacing=0 cellPadding=15 width="100%" border=0>
<TBODY><TR vAlign=top>
<TD class=text id=clix_content style="PADDING-BOTTOM: 8px"
width="100%" bgColor=#ffffff>
<CENTER><IMG height=200
src="http://www.sangdong.org/file/SANGDONG/community/album/사계-windo
wdesign.JPG" width=200></CENTER>
<TR><TD><CENTER><PRE></PRE></FONT>
<DIV id="layerl><div id=" layerl?>
<SPAN style="Z-INDEX: 1; LEFT: 100px; WIDTH: 400px; POSITION: absolute;
TOP: 100px; HEIGHT: 449px">
<MARQUEE scrollAmount=1><FONT face=바탕체 color=black size=2>사 랑
해 요 , , , Happy Birth d a y , , , 안 ㄴ ㅕ ㅇ . . .</FONT></MARQUEE>
</SPAN></DIV></CENTER></TD></TR></TBODY></TABLE><PRE>
```

<PRE><FONT face=바탕체 size=3><B>
봄비 오는 창(窓)</B></FONT><FONT face=바탕체 color=red size=2>

사 랑 해 요</FONT><FONT face=바탕체 color=green size=2><B>
Happy Birth d a y</B></FONT><FONT face=바탕체 color=blue size=2>

안 ㄴ ㅕ ㅇ . . .</FONT><FONT face=바탕체 size=2>
</FONT><FONT face=바탕체 size=2>

예쁜 글자들이
때마다 나를 위해
반딧불처럼 떼지어 날아와
창에 잠시 머물고

나는 늘 바빴다
무엇을 찾아
산과 들을 헤매었던가

멋쩍게 서 있던 글자들은
낡은 책과 노트가 쌓인
음산한 지하 창고로 운반되어
곰팡이와 거미줄 틈에서
작은 몸을 떨며 웅크렸다

긴 세월
얼어버린 창문
조작된 상상과 추억을
씩씩한 행진곡으로 바꾸고
글자들이 좋아 뛸 만큼
예쁘게 단장했어야 할 것을

반갑게 봄비처럼 돌아와
작은 물방울 튕기며
내 창을 적셔줄
0과 1의 비트 수백만 개가
날 위해 태어나 곁에 있었음을
정녕 몰랐다

글, 그림: 두메솔 이재관 </FONT></PRE>
<EMBED SRC="http://www.littleangels.or.kr/mp3/3/Track10.wma" loop="true" autostart="true"></EMBED></body></html>

[2] 세월의 가을 놀이
<CENTER>
<TABLE style="BORDER-COLLAPSE: collapse" borderColor=#000000 cellSpacing=2 cellPadding=0 border=0>
<TBODY><TR><TD><EMBED src=http://cfile297.uf.daum.net/original/167E21124CB78F26166784 width=682 height=568 type=application/x-shockwave-flash ? wmode="transparent" allowNetworking='internal' allowScriptAccess='sameDomain'></EMBED>

<DIV style="LEFT: -540px; MARGIN: 5px 0px; POSITION: relative; TOP: -800px">
<DIV id=layer1 style="Z-INDEX: -1; LEFT: 640px; MARGIN: 5px 0px; WIDTH: 260px; POSITION: absolute; TOP: 310px; HEIGHT: 355px"><PRE><SPAN id=style style="LINE-HEIGHT: 15px">
<FONT style="FONT-SIZE: 9pt" face=돋음 color=000000><B>
세월의 가을 놀이</B>   /이재관

늦가을 강에선 색연필 깎는 소리가 들린다
사각사각 부스러기들이 모르게 흘렀다
하루하루 똑같은 내 별 너의 별
색칠하기, 향내 맡기, 말 걸기
아무 때나 할 수 있어 아무것도 못 한
느려터진 사랑, 콕콕 쪼아보렴
연한 투비(2B) 부리의 색연필을
빙글빙글 돌려보렴

굴참나무의 참새들도 수건돌리기를 한다
술래는 빙빙 돌고 나는 쭈뼛쭈뼛
등 뒤를 손 마당 쓰는데 석양빛 뿌옇다
지구의 속도 곱하기 술래의 속도 이퀄
생각, 생각, 생각,
내 잔등이를 탁 친다
레이스 달린 손수건 황색신호에 놀라

나는 첫 바퀴 다짜고짜 너의 등 뒤에
색연필을 놓고 냅다 뛰기 시작한다.
뾰족하지도 뭉툭하지도 않은 나뭇결
체취가 잡을 듯 따라온다. 파란 불이다

```
</PRE></DIV></DIV></SPAN></SPAN></FONT>
<CENTER></CENTER></TD></TR></TBODY></TABLE>
<STYLE type=text/css> a:link {text-decoration:none;} a:visited
{text-decoration:none;} a:active {text-decoration:none;} a:hover
{text-decoration:none;}@font-face {font-family:엔터-풀잎9;
src:url(http://eyeswind.cafe24.com/swf/enter-pulip9.ewf)
};body,table,tr,td,select,input,div,form,textarea,font{font-family:엔터-풀잎9;
font-size=9pt; } </STYLE><EMBED
src=http://pds83.cafe.daum.net/original/2/cafe/2008/08/29/00/05/48b6bed266
ced&token=20080829&.wma width=0 height=0
type=application/octet-stream volume="0" autostart="true" loop="true"
allowNetworking='internal' allowScriptAccess='sameDomain'>
=======
```

나. 간단한 메모와 기억하고 싶은 댓글

음악과 움직이는 그림과 움직이는 글을 한참 바라보니 많은 위로가 됩니다. 힘든 세상에서 누군가가 위로해 주기를 바라기 전에 스스로 자기를 위로하는 연습도 필요하지 않을까. 위로의 행복한 밤 되시기를 빌며

냇물이 흐르는 과정은 난해합니다. 중간에 많은 유입流入, 유출流出 지점이 있고 수압, 유속, 저항이 변하고 어느 물이

어디로 가는지 예측하기 어려운 열린회로(open circuit)입니다. 수증기의 순환, 야생동물의 이동, 여론의 형성과 변동 등은 열린회로라고 볼 수 있습니다. 폐쇄회로(closed circuit)는 제한된 수의 입력지점과 출력지점이 지정되고 그 사이를 완전하게 연결해주는 회로를 통해 외부 유입/유출 없이 순환됩니다. 요즘은 카메라와 모니터로 구성되는 CCTV가 등장하여 일상품이 되었습니다. 인체의 혈액순환체계는 폐쇄회로, 그래서 발끝과 머리끝의 혈압이 같겠지요. 땅속의 수로가 폐쇄회로일 때 산꼭대기에서도 샘물이 나오겠지요.

정서의 변화는 이해하기 어려운 열린회로 같은 것이겠지만, 그중 폐쇄회로에 가까운 부분을 찾아볼 수도 있어요. 엄마 품의 아기는 엄마의 폐쇄회로 안에서 평화를 누립니다. 저는 아내의 치료를 위해 종합병원(4개 과), 요양병원, 약국, 복지사, 요양사, 간병인, 우리 가족, 환자본인, 교회, 친구, 식품점 등 복잡하고 거대한 열린회로에서 우왕좌왕했던 적이 있습니다. 환자와 제가 눈동자를 마주 보며 신뢰의 신호를 주고받는 것이 가장 중요할 텐데, 그러한 폐쇄회로가 아쉬웠습니다.

[필명에 대한 안내 말씀]

저는 지금까지 필명 '두메솔'을 써왔습니다. 나름대로 뒷심을 발휘한 두메솔이었습니다. 하지만 첩첩산중 느낌이 자꾸 들어 이젠 싫어졌습니다. 문학회 회원 중 한약방을 하며 한학에

열심이신 분께 문의하니 자란 곳을 염두에 두어 아현阿峴이 어떠냐고 권해주셨습니다. 아현의 옛 이름은 애오개(아이고개), 초등학교와 중고등학교 때 12년간 넘어 다닌 작은 고개, 정든 언덕입니다. 필명을 아현阿峴으로 바꿔 동심의 정진을 함으로써 사람도 글도 다소 부드러워지지 않겠는지요.

[댓글]

백규

아현 선생님! 불러보고 나니 '두메솔'보다 '아현'이 훨씬 정겹게 느껴지는군요. 여전히 고군분투하고 계시네요. 상처에 틈입한 모래알을 진액으로 감싸고 감싸 진주를 만드는 바닷조개의 비밀스런 아픔을 생각하게 되는 글과 시들입니다. 선생님의 일상에서 맵짠 아픔보다 찬란한 사랑을 느끼게 되는 것은 아마도 선생님의 아픔이 이제 진주로 승화되는 단계에 이르렀기 때문일까요? 과연 제가 선생님의 시문을 놓고 한가로운 미학 타령이나 읊고 있는 걸까요? 아마도 그렇지 않을 겁니다. 그저 선생님의 경지가 한없이 높아 보이기 때문이지요.

따뜻한 햇살을 곁들인 추어탕으로 선생님과 점심상을 마주하고 싶습니다. 사실은 오랜만에 선생님을 핑계 삼아 추어탕을 맛보고 싶은 게지요. 말씀 나온 김에 아주 내일 어떠실까요? 제 강의가 1시 15분에 끝납니다. 1시 30분에 선생님 계신 곳을 말씀하시면 차를 갖고 달려가겠습니다. 서울대 넘어가는 언덕에 아주 맛있는 추어탕집이 있습니다. 웬만하면 시간을

내주시면 고맙겠습니다. 백규 올림

아현

밤새 비가 많이 왔군요. 백규 교수님이 사주신 추어탕을 집에서 끓여 보온병에 넣고 병원에 갔어요. 입안에 조금 넣어주니 와~ 눈을 번쩍 뜨며 꿀꺽, 흥분하여 연속 넣었죠! 1컵 정도. 그 이상은 입가로 흘러내리니 만족했다는 싸인. 집으로 돌아오는 낙엽 깔린 길이 길고 호젓하여 "오 대니 보이"를 큰 소리로 불렀죠.(18번입니다) 상쾌한 토요일 오후였어요. 하고 싶은 말을 정해놓고 시를 쓰는 내 버릇(문학 교수님 지적)은 언제 고쳐질까. 사고의 틀을 깨는 파격의 그 자유로움을 간절히 원합니다.

주님은 무슨 일이든 하실 수 있음을 믿습니다. 모태에서 지금까지 제게 행하신 주의 자비와 능력을 떠올리며 그 하나하나가 기적이었음을 굳게 믿습니다. 그러나 주여, 저의 욕심이 지나친 것인가요. 주의 능력만 믿기보다 바로 지금이 아니어도 언젠가는 이루실 것도 믿게 하소서. 기어이 이루실 것을 믿게 하소서. 주님의 뜻으로 하실 것임을 믿고 깊은 밤 이제라도 잠들게 하소서.

계간문예시인선 174

이재관 제6시집 _ 코로나 전후

초판 인쇄 2022년 7월 25일
초판 발행 2022년 7월 29일

지 은 이 이재관
회 장 서정환
발 행 인 정종명
편집주간 차윤옥

펴 낸 곳 도서출판 계간문예
편 집 부 03132 서울 종로구 삼일대로 30길 21 종로오피스텔 1209호
주 소 03132 서울 종로구 삼일대로 32길 36 운현신화타워 305호
전 화 02-3675-5633 팩스 02-766-4052
인 쇄 54991 전북 전주시 완산구 공북1길 16, 신아출판사
이 메 일 munin5633@naver.com
등 록 2005년 3월 9일 제300-2005-34호
ISBN 978-89-6554-255-1 04810
ISBN 978-89-6554-118-9 (세트)

값 10,000원